學習敎材를 위한 基本筆法 自習書

한글 펜글씨교본

한국 펜글씨 연구회 편

펜글씨 학습에 유의해야 할 사항

　우선 좋은 글씨를 쓰기 위하여서는 바른 마음가짐과 평온한 정신을 가다듬어 글씨를 쓰는데 집중하여야 한다.
　글씨는 일반적으로 그 사람의 인격과 품위를 가늠하고 평가하는 가장 손쉬운 평가 기준이 되고 있다.
　이러한 까닭에 많은 사람들이 보다 간결하고 미려한 글씨를 쓰기 원하고 있으나 마음가짐 만으로 얻어지는 것은 결코 아니다.
　예쁘고 아름다운 글씨를 쓰기 위해서는 무엇보다도 좋은 필법에 의하여 쓰는 연습을 게을리 하지 않아야 할 것이다.

펜글씨 학습자세

1. 마음가짐과 함께 몸가짐도 정숙하게 가져야 한다.
　　몸을 옳바르게 취하고 특히 어깨가 기우러지지 않도록 유의하여야 할 것이며 왼손은 종이위에 가볍게 올려놓고 팔에 힘이 들어가지 않도록 주의하여야 한다.
2. 글씨의 형태를 세심히 분석하여야 한다.
　　글자마다 지니고 있는 기하학적 형상이 있음으로 우선 이러한 형상을 분석 비교하여 글씨를 쓰는데 기본을 삼아 연습하여야 한다.
3. 필기구 선택에도 유의하여야 한다.
　　펜　촉 : 여러가지의 펜촉이 있는데 일반적으로 많이 사용하는 스푼펜은 지면이 긁히지 않으며 세워 쓸수록 가늘게 쓰여진다.
　　　　　（G펜, 스푼펜, 스클펜, 활콘펜, 둥근펜등이 있다.）
　　펜　대 : 가볍고 촉감이 좋은 것으로 자신의 손에 적합한 것이면 된다.
　　잉　크 : 엷은 색상보다는 진한 색을 사용하는 것이 좋다.

종　이 : 잉크가 번지지 않는 모조지 이상을 사용하여야 한다.

쓰는 방법

(1) 펜대는 펜에서 부터 1센티 가량 높이 잡는다.
(2) 지면과 펜대의 각도는 45도에서 60도 사이가 좋다.
(3) 펜대는 가볍게 잡되 손가락 끝이나 팔목에 힘이 들어가지 않도록 특히 유의하여야 한다.
(4) 펜촉을 누이면 누일수록 놀림이 부자연스러워 져서 선이 지져분 해진다.
(5) 획의 삐침은 힘을 들이지 말고 가볍게 그리고 자유롭게 손이 움직이도록 하여야 한다.
(6) 반흘림이나, 흘림체인 경우에는 펜대를 조금 높게 잡고 자유롭고 유연하게 펜을 달려야 한다.

주의 할 점

(1) 펜을 쓰고 난 다음에는 깨끗이 닦아 두도록 한다.
(2) 잉크병 바닥에 펜촉을 찧지 않도록 한다.
(3) 잉크를 너무 많이 묻혀서 잉크방울이 떨어지는 일이 없도록 한다.
(4) 잉크를 쏟거나 손에 묻히지 않도록 항상 주의한다.
(5) 만년필이나 볼펜을 쓰지 말고 반드시 펜을 사용하도록 한다.
(6) 펜촉을 어느 한 쪽으로만 쓰는 버릇이 들지 않도록 한다.
(7) 연습은 이 책의 공란을 채워 쓰는 데 그치지 말고 다른 종이에 많이 연습해 본다.

한글의 짜임새

모음 자음	ㅏㅑㅣ	ㅓㅕ	ㅗㅛ	ㅜㅠㅡ	받침
ㄱ	가	거	고	구	국
ㄴ	나	너	노	누	는
ㄷ	다	더	도	두	단
ㄹ	라	러	로	루	를
ㅁ	마	머	모	무	맘
ㅂ	바	버	보	부	봄
ㅅ	사	서	소	수	삿

모음 자음	ㅏㅑㅣ	ㅓㅕ	ㅗㅛ	ㅜㅠㅡ	받침
ㅇ	아	어	오	우	영
ㅈ	자	저	조	주	맞
ㅊ	차	처	초	추	꽃
ㅋ	카	커	코	쿠	억
ㅌ	타	터	토	투	밭
ㅍ	파	퍼	포	푸	높
ㅎ	하	허	호	후	좋

한글 정자체

홀소리 닿소리 정자쓰기

한글의 정자는 점과 삐침등의 획으로 구성되어 있다. 점획의 찍는법 가로, 세로 긋는획, 당기는 법, 삐치는 법 등에 헐거움이나 느슨함이 있으면 쓴 글씨에 짜임새가 없어진다. 찍는 법, 당기는 법, 삐치는 법 등을 충분히 익히도록 거듭 연습한다.

가	야	거	겨	고	교
왼쪽 닿소리자의 형태에 따라 1의 1/3, 1/4지점에 점획을 찍는다.	①의 점획은 중간 지점에 ②의 점획은 나머지 길이의 1/2지점에 찍는다. ①②의 점획은 평행을 피한다.	ㅡ①의 점획을 중간 위치에 찍는다.	3등분한 위치에 점획을 찍는다.	ㅗ의 점획은 ㅡ의 중심보다 약간 오른편에 있도록 먼저 긋는다.	①과②는 서로 평행의 느낌을 주게 하며 ①은 ②보다 짧게 쓰고 위치는 3등분한 듯이라야 한다.

구	규	그	기	애	얘
가로획을 3등분한 위치 즉 앞에서 2/3정도에서 내려 긋는다.	가로획의 3등분한 위치에 쓰되 ①은 ②보다 짧고 왼쪽으로 약간 휜듯이 쓰고 ②는 똑바로 내려 긋는다.	펜을 약45°각도에서 부드럽게 달리며 끝부분에서는 눌러 떼는 기분으로 쓴다.	ㅣ는 수직으로 바르게 내려가면서 끝을 가늘게 한다.	애의 세로획은 똑바로 그어야 하며 가로획은 세로획의 가운데 긋되 자음을 ·붙이면 옆으로 본 정삼각형을 이룬다.	얘의 세로획은 애의 획과 같은 방법으로 긋는다. 위의 가로획은 수평으로 긋고 아래의 가로획은 약간 위를 향하여 긋는다.

연습란

에	예	와	워	외	위
위의 애와 같은 방법으로 쓰되 가로획이 안쪽에 붙고 점선 부분을 잘 살펴서 쓴다.	예의 첫째, 둘째, 세째획은 ㅕ와 같이 쓰고 네째 세로획을 바로 가볍게 긋는다.	와는 처음 ㅗ의 가로획 끝을 살짝 들어 주고 ㅏ의 중간에 닿도록 붙인다.	워는 ㅜ와 ㅓ를 나란히 붙인 것이지만 세째 획의 위치가 너무 위로 올라가지 않도록 한다.	외는 ㅗ를 쓴 다음에 ㅣ를 붙이듯 바로 긋는다.	ㅜ의 가로획은 끝을 가벼이 들며 세로획은 왼쪽으로 삐치되 너무 길면 않되니 적당히 쓸 것이며 ㅣ는 똑바로 내리 긋는다.

연습란

코	웨	가	나	다	라
왜는 ㅗ와 애를 붙인 것과 같이 쓰되 ○표 한 부분의 칸을 고르게 하여야 한다.	웨는 ㅜ와 에가 붙지 않게 하고 ○표 부분을 고르게 하여야 한다.	너무 크지않게 점획을 찍는 기분으로 쓴다. ○부분의 공간에 주의한다.	ㄴ은 왼쪽에서 오른쪽으로 비스듬이 내려 긋다가 꺽이면서 위로 향하듯 쓴다.	①획을 짧게 긋는다. ②획은 ㄴ의 쓰기와 같다.	ㄷ의 쓰는 법과 같이하되 가로획 사이의 공간이 고르도록 쓴다.

연습란

마	바	사	아	자	차
ㅇ표부분이 모나지 않게 하며 아래를 좁히지 않는다.	아래 부분이 좁아지지 않도록 주의한다.		두번에 써도 무방하다.	선을 그었을 때 ①획과 ②획의 이음 위치와 끝 부문이 수평되게 쓴다.	점획은 ㅈ의 중심선에 오른쪽으로 긋고 다음은 위의 ㅈ과 같다.
ㅁ	ㅂ	ㅅ	ㅇ	ㅈ	ㅊ

연습란

카	타	파	하	고	노
ㄱ과 같은 방법이나 ②의 점획 위치를 주의한다.	ㄷ과 같은 요령이나 ㄹ의 쓰기와 같이 두 개의 공간이 같도록 한다.	점선을 잘 보고 기울지 않게 균형을 잘 잡아야 된다. 모음에 따라 약간씩 변동이 있다.	①의 점획은 눕히고 ○표 부분의 공간을 고르게 쓴다.	부분에서 모나게 꺾지 않는다.	○표의 끝부분을 약간 쳐드는 기분으로 쓴다.

연습란

도	로	서	저	처	
①획은 약간 위로 휘는 듯 ②획은 ㄴ과 같이 쓴다.	'ㄱ에' 'ㄷ'의 쓰기를 접한 것으로 가로획의 사이 O부분이 고르도록 쓴다.	①획은 옆으로 가볍게 삐치고, ②획은 약간 수직으로 내려가 멈춘다. ※ㅓㅕ에 붙여 쓴다.	가로획이 다르고 ㅅ과 같으나 점선에 주의하여 쓸 것. ※ㅓㅕ에 붙여 쓴다.	ㅅ과 ㅈ쓰기에 준한다.	ㄱ과 같은 쓰기이나 O획의 방향에 주의한다.
ㄷ	ㄹ	ㅅ	ㅈ	ㅊ	ㅋ

연습란

토	포	까	꼬	따	빠
가로획의 사이 O부분이 고르게 쓴다.	O표 부분이 붙지 않도록 ①획은 ②획보다 약간 짧게 쓴다.	앞의 ㄱ을 작게 쓴다. ※ ㅏㅑㅓㅕㅣ에만 쓴다.	ㄱ을 작게 약간 ㄱ을 변화시키고 2의 것을 크게 ㅗ에 쓴다.	1보다 2의 것을 약간 크게 쓴다. ※ ㅏㅑㅓㅕㅣ에 쓴다.	앞의 ㅂ보다 뒤의 ㅂ을 약간 크게 쓴다.

| 연 |
| 습 |
| 란 |

삯	많	젊	늙	쫒	앉
왼쪽과 오른쪽은 같은 크기로 쓴다.	ㄴ을 위로 빼치고 ㄴㅎ을 반반씩 나누어 쓴다.	ㄹㅁ의 크기를 같이 쓰며 위아래를 가지런히 쓴다.	ㄹ과 ㄱ이 서로 붙지 않게, 가로의 길이가 길지 않도록 쓴다.	바른편 ㅈ을 조금 큰듯하게 동떨어지지 않도록 주의한다.	ㄴ을 좀 좁게 하고 ㅈ을 세운 듯하게 쓴다.
ㄱㅅ	ㄴㅎ	ㄹㅁ	ㄹㄱ	ㅈㅈ	ㄴㅈ

연 습 란

16

가	가								
거	거								
고	고								
구	구								
그	그								
기	기								
나	나								
너	너								
노	노								
누	누								
느	느								
니	니								
다	다								
더	더								
도	도								

두	두								
드	드								
디	디								
라	라								
려	려								
로	로								
류	류								
르	르								
리	리								
마	마								
머	머								
모	모								
묘	묘								
무	무								
미	미								

바	바								
버	버								
보	보								
부	부								
뷰	뷰								
비	비								
사	사								
서	서								
소	소								
수	수								
스	스								
시	시								
아	아								
여	여								
오	오								

우	우							
유	유							
이	이							
에	에							
애	애							
의	의							
위	위							
왜	왜							
자	자							
쟈	쟈							
저	저							
조	조							
주	주							
쥬	쥬							
지	지							

차	차								
챠	챠								
처	처								
초	초								
추	추								
치	치								
카	카								
커	커								
코	코								
쿠	쿠								
크	크								
키	키								
타	타								
터	터								
토	토								

투	투							
트	트							
티	티							
테	테							
태	태							
퇴	퇴							
파	파							
퍼	퍼							
펴	펴							
포	포							
표	표							
푸	푸							
피	피							
페	페							
패	패							

하	하								
혀	혀								
호	호								
휴	휴								
히	히								
헤	헤								
해	해								
희	희								
휘	휘								
훼	훼								
꺼	꺼								
꼬	꼬								
때	때								
빠	빠								
뿌	뿌								

각	각								
갑	갑								
강	강								
갖	갖								
건	건								
걷	걷								
것	것								
격	격								
겹	겹								
경	경								
곡	곡								
곤	곤								
곧	곧								
골	골								
곰	곰								

곳	곳								
공	공								
국	국								
군	군								
굳	굳								
굴	굴								
굽	굽								
굿	굿								
궁	궁								
궂	궂								
균	균								
귤	귤								
겜	겜								
갤	갤								
갱	갱								

낙	낙								
난	난								
날	날								
남	남								
납	납								
낫	낫								
낭	낭								
낯	낯								
낳	낳								
넉	넉								
넌	넌								
널	널								
넝	넝								
년	년								
녹	녹								

논	논								
놀	놀								
놈	놈								
놉	놉								
놋	놋								
농	농								
높	높								
놓	놓								
눅	눅								
눈	눈								
눌	눌								
눕	눕								
늄	늄								
냄	냄								
냇	냇								

닥	닥								
단	단								
달	달								
담	담								
답	답								
닷	닷								
닻	닻								
덕	덕								
덜	덜								
덤	덤								
덥	덥								
덧	덧								
당	당								
덩	덩								
독	독								

돈	돈								
돋	돋								
돌	돌								
돔	돔								
돕	돕								
돗	돗								
동	동								
둑	둑								
둔	둔								
둘	둘								
둠	둠								
둡	둡								
둣	둣								
둥	둥								
등	등								

락	락								
란	란								
랄	랄								
람	람								
랍	랍								
랏	랏								
랑	랑								
럭	럭								
런	런								
련	련								
렷	렷								
록	록								
론	론								
롤	롤								
렵	렵								

막	막								
만	만								
말	말								
맘	맘								
맙	맙								
맛	맛								
망	망								
맞	맞								
먹	먹								
멋	멋								
떡	떡								
면	면								
멸	멸								
명	명								
몇	몇								

목	목								
몬	몬								
몰	몰								
몸	몸								
몹	몹								
못	못								
몽	몽								
묵	묵								
문	문								
문	문								
물	물								
뭄	뭄								
뭅	뭅								
뭇	뭇								
뭉	뭉								

박	박								
반	반								
받	받								
발	발								
밤	밤								
밥	밥								
밧	밧								
방	방								
밭	밭								
벅	벅								
번	번								
벌	벌								
법	법								
벗	벗								
벽	벽								

변	변								
별	별								
병	병								
복	복								
본	본								
봄	봄								
봉	봉								
북	북								
분	분								
불	불								
붐	붐								
붓	붓								
붕	붕								
붙	붙								
빛	빛								

삭	삭								
산	산								
살	살								
삼	삼								
삽	삽								
상	상								
석	석								
선	선								
설	설								
섬	섬								
섭	섭								
섯	섯								
속	속								
손	손								
솔	솔								

솜	솜								
솝	솝								
솟	솟								
송	송								
숙	숙								
순	순								
술	술								
숨	숨								
숩	숩								
숭	숭								
숯	숯								
숲	숲								
식	식								
심	심								
십	십								

악	악								
안	안								
알	알								
암	암								
압	압								
앗	앗								
앞	앞								
억	억								
언	언								
엄	엄								
업	업								
역	역								
연	연								
엿	엿								
영	영								

옥	옥								
온	온								
올	올								
옷	옷								
옹	옹								
욱	욱								
운	운								
울	울								
움	움								
웃	웃								
웅	웅								
윤	윤								
융	융								
읍	읍								
액	액								

작	작								
잔	잔								
잘	잘								
잠	잠								
잡	잡								
장	장								
적	적								
전	전								
점	점								
접	접								
정	정								
젖	젖								
족	족								
존	존								
종	종								

좋	좋								
죽	죽								
준	준								
줄	줄								
줌	줌								
줍	줍								
줏	줏								
중	중								
착	착								
찬	찬								
찰	찰								
참	참								
창	창								
척	척								
천	천								

철	철								
첫	첫								
촉	촉								
춘	춘								
출	출								
춤	춤								
촛	촛								
총	총								
축	축								
춘	춘								
출	출								
춤	춤								
춥	춥								
충	충								
책	책								

칸	칸								
칼	칼								
캄	캄								
컨	컨								
컵	컵								
컹	컹								
콕	콕								
콘	콘								
콜	콜								
콥	콥								
콧	콧								
콩	콩								
쿵	쿵								
클	클								
캥	캥								

꼭	꼭								
꽃	꽃								
꿀	꿀								
딱	딱								
딸	딸								
떤	떤								
똑	똑								
똘	똘								
뚱	뚱								
뛸	뛸								
뻔	뻔								
뺨	뺨								
뽕	뽕								
뿔	뿔								
쌋	쌋								

정자세로쓰기

정자세로쓰기

한글정자의 가로쓰기를
연습해 보았다.
그러나 가로쓰기와는 달리 획의 선을 맞추는 것이
세로쓰기의 난점이 있다.
세로선을 정확히 맞추는 정도에
따라서 글씨의 짜임새가 돋보인다.

타파하는 자는 비범한 사람이다.

스스로 곤란을 구해 그것을

소인배요 극복하는 자는 범부요

내려오는 고난을 피하는 자는

사람은 신념과 함께 젊어지고
실망과 함께 노쇠한다.
모름지기 젊은이는 태양을
가슴속에 품고 살 일이다.

홀소리 닿소리 흘림쓰기

흘려쓰기는 우리 일상생활을 통해
가장 많이 쓰는 글씨체이다. 실용글씨체로 가장 친근미를 가지고
있는 것이
흘림체이며, 선은 부드럽고 곱게 탄력성있도록
긋는 것이 좋다.

ㅣ의 점획을 연속시켜 쓰되 O부분을 넓게하지 말것.	받침으로 연속하여 쓸 때 쓰인다.	두 점획의 위치에 주의하여 연속시켜 쓴다.	ㅓ의 꼭지를 내지않고 닿소리에 이어 쓴다.	두 점획을 연속시켜 쓴다.	① 획과 ② 획을 연속 시키되 ① 획의 위치에 주의한다.

ㅛ	ㄱ	ㅈ	ㅡ	ㅏ	ㅕ
①②③ 획을 연속시켜 쓴다. ① 획은 ② 획보다 짧게 긋는다.	윗몸(ㅇ)의 오른쪽에 맞추어 꺾어내려 쓰되 너무 길게 하지 않는다.	세개의 획을 연속시켜 쓰되 ② 획은 짧게 한다.	수평으로 약간 휘임을 주어 부드럽게 긋는다.	ㅇ표 부분을 부드럽게 빼쳐 올리며 세로획은 힘있게 바로 내리 긋는다.	두 가로획만 연속으로 쓰고 세로획은 나란히 긋는다.

연습란

세	례	노	놰	뇌	궈
ㅇ표 부분이 모나지 않게 하고 마지막 세로획은 연속시키지 않는다.	ㅕ의 점획을 3등분한 위치에 고르게 긋는다.	ㅗ와 ㅏ를 연속으로 부드럽게 쓴다.	정자와 거의 같으나 ㅏ를 연속하고 부드럽게 쓴다.	의도 별로 다르지 않고 획만을 부드럽게 긋는다.	위의 ㅜ는 연속으로 쓰고 거와 같은 모양이 되지 않도록 주의해야 한다.

연습란

제	기	ㅣ	ㄱ	ㄱ	ㄴ
에의 ○표 부분을 고르게 하고 점획을 부드럽게 한다.	위의 ○표 부분이 모나지 않게 하고 점선에 주의한다.	펜을 가볍게 대어 당기어 바로 내리 긋는다.	연속시켜 쓰되 ○부분의 공간에 주의한다.	가로와 세로의 길이를 비슷하게 한다. ※ ˇㅗㅛㅜㅠㅡ와 받침에 붙여 쓴다.	○부의 공간에 주의하여 쓰며 끝 부분이 위로 향하게 한다.

연습란

정자와 비슷하다. ※ ㅗㅛㅜㅠㅡ와 받침에 쓴다.	:①획 ②획은 첫 부분을 :에 맞춘다 생각하고 연속 시킨다.	모든 획을 연결하여 쓰며 밑에 가로획은 끝을 멈추고 약간 짧게 긋는다 ※ ㅗㅛㅜㅠㅡ와 받침에 쓴다.	앞의 ㄷ의 필법과 같다. 다만 ①획은 약간 짧게 ①②③의 공간을 같게 한다.	점선에 주의한다. ※ ㅗㅛㅜㅠㅡ와 받침에 쓴다.	연속되는 기분으로 쓰되 끝부분이 위쪽으로 향하게 한다.

연습란

ㅁ	ㅂ	ㅅ	ㅈ	ㅇ	ㅊ
연속되는 기분으로 쓴다. 끝부분을 짧게 끊는다.	②③ 획을 연속시켜 다음 획으로 옮겨지도록 쓴다.	① 획과 ② 획 사이는 가벼운 기분으로 연속시켜 쓴다.	펜 끝에 힘을 가하여 ○표 부분에서 펜을 멈추어 뗀다.	모가나지 않게 하고 정자와 별로 다르지 않다.	모든 획을 부드럽게 연속시켜 쓴다. ※ ㅓㅕ에만 붙여 쓴다.

연습란

ㅊ	ㅎ	ㄱ	ㄱ	ㅎ	ㄹ
약간 옆으로 납작하게 쓴다. ※ ㅗㅛㅜㅠ에 붙여 쓴다.	간격을 고르게, 좀 부드럽게 쓰며 점선에 주의하여 쓴다. ※ ㅓㅕ에만 붙여 쓴다.	ㄱ과 ㅡ를 억지로 연속하지 않는다. ※ ㅏㅑㅓㅕㅣ에 붙여 쓴다.	획의 끝을 가볍게 든다. ※ ㅗㅛㅜㅠ와 받침에 쓴다.	①②③의 공간을 의지하며 ① 획과 ② 획은 이어 쓰지 않는다.	가로획의 끝을 잘 멈춘다. ※ ㅗㅛㅜㅠ와 받침에 붙여쓴다.

연습란

쯧	쯔	춤	났	않	킁
처음 획은 옆으로 가볍게 빼치고 다음 획은 끝부분에 힘을 주어 멈춘다.	ㅍ의 필법 요령으로 쓴다.	③의 ㅇ을 ②획에 연속시켜 한번에 쓴다.	ㄴ를 조금 좁게 쓰고 ㅈ을 약간 세운듯한 느낌이 들게 쓴다	ㄹ를 한번에 이어 옆 간격을 같게 쓴다	ㄹ과 ㅎ의 크기가 같고, 서로의 획이 붙지 않게 쓴다.

연습란

흘림체 꾸미기 요령

라	야	서	대
ㄹ의 ○표 부분을 고르게 하고 △표 부분은 모나지 않게 쓴다.	○은 모나지 않게 싸는듯이 두번에 쓰며 ㅑ의 가로획은 한흐름에 흘려쓴다.	①획과 ②를 한 흐름에 이어쓰되, ①획을 너무 길지 않게 쓴다.	○표 부분이 모나지 않게하고 대략 ㄷ획의 중심부로 뻐친다.

라	리	야	가	서	저	대	애

호	랑	쯤	츨
①획은 점이라기 보다 짧은 가로획이며, ○표 부분의 간격에 유의하고 좌우를 가지런히 쓴다.	ㄹ의 아래와 ㅏ의 끝을 나란히 하고 ㅏ와 ○을 한 흐름에 이어서 쓴다.	ㅁ획은 연속되는 기분으로 쓰되 끝부분을 짧게 끊고 위아래 같은 크기로 중심을 잡아쓴다.	ㅌ과 ㄹ의 오른편 끝을 가지런히 하고 전체가 길어지기 쉬우므로 당겨 쓴다.

호	로	랑	장	쯤	쯤	츨	츨

흘림체 자음별 쓰기

가	가								
거	거								
고	고								
구	구								
국	국								
게	게								
개	개								
couldn't be certain	쳐								
나	나								
녀	녀								
노	노								
누	누								
눅	눅								
내	내								
뉘	뉘								

다	다									
대	대									
도	도									
두	두									
라	라									
러	러									
로	로									
룻	룻									
마	마									
메	메									
모	모									
매	매									
뫼	뫼									
뮈	뮈									
바	바									

벼	벼								
보	보								
북	북								
산	산								
서	서								
소	소								
수	수								
숙	숙								
세	세								
새	새								
아	아								
어	어								
오	오								
우	우								
육	육								

애	애								
외	외								
위	위								
자	자								
저	저								
조	조								
주	주								
제	제								
재	재								
차	차								
처	처								
초	초								
추	추								
체	체								
채	채								

카	카								
커	커								
케	케								
타	타								
토	토								
트	트								
파	파								
퍼	퍼								
포	포								
하	하								
호	호								
흐	흐								
회	회								
희	희								
훼	훼								

홀림체 받침 글짜 쓰기

각	갓
간	간
갈	갈
감	감
갓	갓
강	강
갖	갖
결	결
겹	겹
곡	곡
곤	곤
글	글
곳	곳
공	공
국	국

글	글								
굿	굿								
궁	궁								
낙	낙								
날	날								
남	남								
년	년								
녹	녹								
논	논								
놀	놀								
놋	놋								
농	농								
눈	눈								
늠	늠								
늘	늘								

닥	닥								
단	단								
달	달								
담	담								
답	답								
닷	닷								
당	당								
동	동								
돌	돌								
돗	돗								
둥	둥								
락	락								
란	란								
랄	랄								
랑	랑								

론	론								
롯	롯								
롱	롱								
룩	룩								
룻	룻								
릉	릉								
막	막								
만	만								
말	말								
맛	맛								
면	면								
멸	멸								
몸	몸								
몽	몽								
물	물								

박	박								
밤	밤								
별	별								
불	불								
붓	붓								
뼘	뼘								
삭	삭								
산	산								
설	설								
옥	옥								
온	온								
솔	솔								
속	속								
손	손								
샛	샛								

악	악								
안	안								
알	알								
엄	엄								
온	온								
울	울								
욱	욱								
웅	웅								
웃	웃								
작	작								
잔	잔								
잘	잘								
잠	잠								
장	장								
젓	젓								

죽	죽								
존	존								
종	종								
즉	즉								
집	집								
짖	짖								
착	착								
찬	찬								
찰	찰								
참	참								
촌	촌								
출	출								
축	축								
츤	츤								
츨	츨								

칼	칼								
캄	캄								
컴	컴								
콩	콩								
클	클								
탁	탁								
탈	탈								
탐	탐								
탕	탕								
톰	톰								
팡	팡								
팔	팔								
폼	폼								
폿	폿								
핀	핀								

학	학									
한	한									
할	할									
핞	핞									
항	항									
향	향									
헛	헛									
흠	흠									
흘	흘									
맑	맑									
밖	밖									
삶	삶									
앓	앓									
끓	끓									
뜯	뜯									

한글 홀림 가로쓰기

마음을 통일하라. 귀로 듣지 말고 마음으로

들어라. 마음으로 듣지를 말고 기(氣)로

들어라. 귀는 소리를 들을 뿐이고,

마음은 밖의 것들로 맞추어 커갈을

뿌리지만 키는 공허하여 무엇이든

다 받아들인다.

미래는 아직도 보장해 주지 않는다.

믿는 것은 자신의 능력뿐이다.

행복하게 하는 것은 무엇일까?

마음을 가볍게 하는 것이다.

불행하게 하는 것은 무엇일까?

마음을 무겁게 하는 것이다.

세상의 저울은 무게를 항상

반대로 한다. 무거운 것을 가볍다고 하고

가벼운 것을 무겁다고 한다.

- 「장자」중에서 -

한글 행서 세로쓰기

사람은 흐르는 물을 거울 삼지 않는다

가라앉은 물을 거울로 삼는다.

찬찬히 가라앉아 다른것들을 찬찬케 하므로……

밤의 사상에 묵묵하는 자는 그 속에서 나오는 소리가 마치 토하는 것 같고, 목장이 깊은 자는 그 마음의 착함이 있다.

말이란 첫 힌에서 시작되어 늘 거짓으로 끝나게 된다.

그 시작은 간략하지만 끝날 무렵에는 반드시

엄청나게 커진다.

크나큰 지혜는 한가하고 작은 지혜는

다회려 든다, 크나큰 말은 담담하고

작은 말은 수다스럽다.

한글 가로 낱말 쓰기

명랑사회			
민주주의			
교칙엄수			
삼일운동			
공업단지			
언론자유			
능률증진			
산림보호			
양곡증산			
협동단결			
자주국방			
과학영농			
실험연구			
삼강오륜			
일심동체			
문화창조			

삼권분립			
근면검소			
미풍양속			
현모양처			
부모형제			
철두철미			
인류공영			
학습활동			
공중도덕			
경로사상			
국력배양			
춘하추동			
표의문자			
훈민정음			
생활개선			
정직성실			

주권재민			
국위선양			
율곡선생			
도산서원			
경리실무			
백년가약			
외화획득			
천하영재			
백의종군			
책임완수			
애국정신			
문맹퇴치			
주경야독			
수출증대			
정신일도			
하사불성			

멸사봉공			
솔선수범			
유비무환			
독립투사			
자진납세			
위국충절			
국난극복			
일편단심			
전자기계			
조국수호			
반공방첩			
경제개발			
민족중흥			
신속정확			
빈곤타파			
청운만리			

국민교육헌장

우리는 민족중흥의 역사적 사명을 띠고 이 땅에 태어났다. 조상의 빛난 얼을 오늘에 되살려,

안으로 자주 독립의 자세를 확립

하고, 밖으로 인류 공영에 이바지

할 때다. 이에 우리의 나아갈 바를

밝혀 교육의 지표로 삼는다.

성실한 마음과 튼튼한 몸으로,

학문과 기술을 배우고 익히며, 타

고난 저마다의 소질을 계발하고,

우리의 처지를 약진의 발판으로

삼아, 창조의 힘과 개척의 정신을

기른다 공익과 질서를 앞세우며

능률과 실질을 숭상하고, 경애와

신의에 뿌리 박은 상부 상조의 전

통을 이어받아, 명랑하고 따뜻한

협동 정신을 북돋운다. 우리의

창의와 협력을 바탕으로 나라가

발전하며, 나라의 융성이 나의

발전의 근본임을 깨달아, 자유와

천리에 따르는 책임과 의무를 다

하며, 스스로 국가건설에 참여하

고, 봉사하는 국민정신을 드높인다.

반공 민주정신에 투철한 애국

애족이 우리의 삶의 길이며, 자유

세계의 이상을 실현하는 기반

이다 길이 후손에 물려줄 영광된

통일조국의 앞날을 내다보며,

신념과 긍지를 지닌 근면한 국민

으로서, 민족의 슬기를 모아 줄기

찬 노력으로, 새 역사를 창조하자.

한글 글씨체의 종류

이별 〈포드〉

- 신M -
그러면 마지막 이별의 키스,
바닷가에 나아가 보내드리오리다.

- D -
아니, 아니, 바닷바람 거센바람,
키스쯤은 멀리 날려버릴 것이요.

- TM -
그러면 이별의 정표로 이 손수건
흔들어 보내드리오리다

- KM -
아니, 아니, 바닷바람 거센바람,
손수건쯤 멀리 날려 버릴 것이요.

- G -
그러면 배 떠나는 그날,
눈물 흘리며 보내드리 오리다.

- KG -
아니, 아니, 바닷바람 거센바람,
눈물 쯤은 이내 말라버릴 것이요.

- SG -
정말로 그렇다면 언제나 언제까지나,
잊지 않고 기다리이다.

- 헤드 -
아, 그러길래 그대는 내 사랑
그러길래 그대는 내 사랑일세

포드〈1872-1953 프랑스〉

시

산 행
두 목

가을산 비탈진 돌길 오르노라니
흰구름 이는 곳에 인가 두세 집
수레를 멈춰 앉아 단풍잎 바라보니
서리 물든 가을잎 봄꽃보다 더 붉다.

일반 서식

즐거운 성탄을 맞이하여
　　주님의 은총이 풍성하시기를…
　　　　　　12월 24일
　　　　　　정　훈 드림

선생님께 세배 올립니다. 올해는 더욱
건강하시고 변함없이 보살펴 주세요.
　　　　　새해아침
　　　　　박　정　길

기형!
새 아침의 밝은 태양이 힘차게 솟아 올랐네.
올해는 더 힘차게 분발하여 우리들의 해가
되도록 노력하세.
　　　　　새해 아침에 벗

이 력 서

사진	출신도명	경남	성명	정인숙	주민등록번호 690513-2024684
			생년월일	서기 1969년 5월 13일 (만 20세)	

본적	경남 진주시 중구 신정동 246번지
현주소	서울특별시 종로구 민정동 355-7호
호적관계	호주와의 관계 장녀 호주성명 정영철

년	월	일	학력 및 경력사항	발령청
1982	2	11	청정 국민학교 졸업	
1985	2	16	성진 여자 중학교 졸업	
1985	3	4	인숭 여자 고등학교 입학	
1988	2	15	상기교 졸업	
1987	6	13	펜글씨 검정 2급 합격	
1987	8	3	주산 검정고시 2급 합격	대한상공회의소
1987	9	16	부기 검정 2급 합격	문교부
			상벌 없음	
			상기와 여히 상위 없음	
			1988년 5월 18일	
			정 인 숙	

아라비아 숫자 쓰는 법

—한국은행 제공—

[본보기]

1 2 3 4 5 6 7 8 9 0

[쓰는 법]

1 2 3 4 5 6 7 8 9 0

장부난 상선
장부난 하선

한자 숫자 쓰는 법

壹	貳	參	四	五	六	七	八	九	拾

壱	弐	参	四	五	六	七	八	九	拾

편지 봉투 쓰는 법

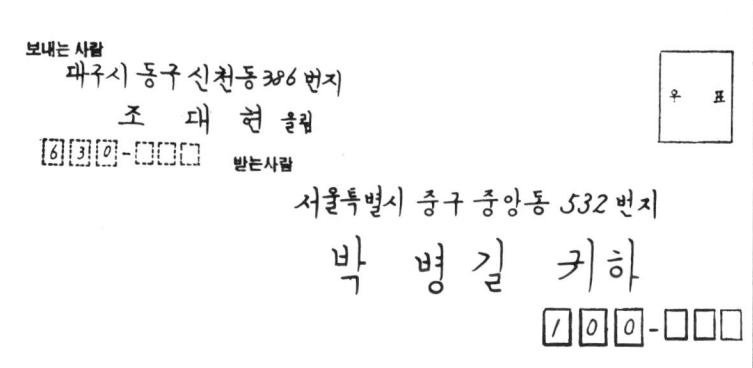

○ 인쇄봉투

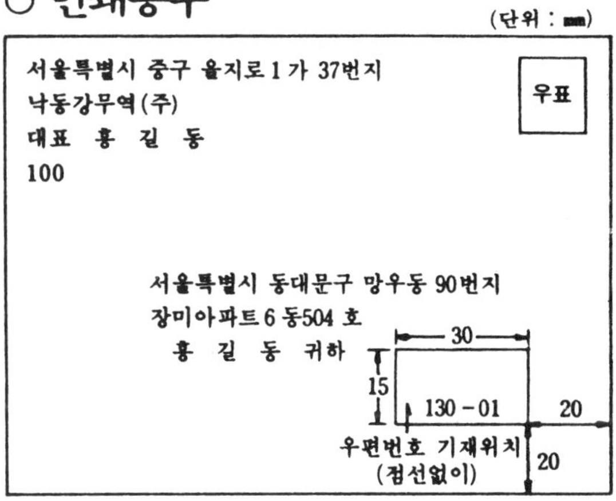

○ 필서봉투

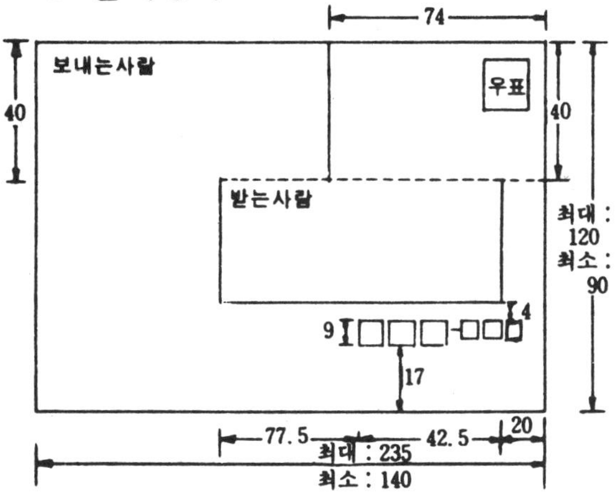

○ 그림엽서

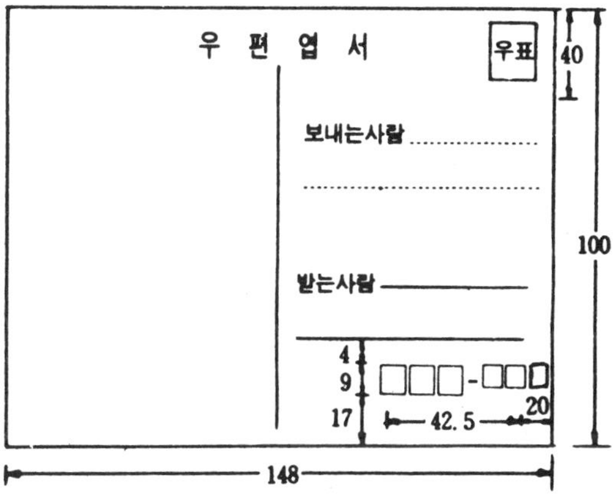

펜글씨 검정고시 급수별 능력 예시표

초급	9급	국민교육헌장 우리는 민족 중흥의 역사적
	8급	거룩하신 세종대왕 께서는 이겨레
	7급	우리의 조상이 남긴 찬란한 문화의 열매
중급	6급	추강에 밤이드니 물결이 차노매라 낚시드리우
		삭풍은 나무끝에 불고 명월은 눈속에 찬데 만리 변
	5급	자유는 우주만유의 생명이요 평화는 세계 인류의
		오히려 괴로울때 웃어보아요 참으면 괴로움도 아름
	4급	한 알의 밀이 땅에 떨어져 죽지 아니하면 한 알 그
		산중에 책력없어 철 가는줄 모르노라 꽃피면
상급	3급	신문학은 唱歌歌詞와 新小說의 형태로 나
		(흘림체)
	2급	韓國의 美를 한마디로 말하면 그것은 自然의
		(흘림체)
	1급	약사빠른 사람은 學問을 경멸하고 賢明한 사람은
		(흘림체)

〈펜글씨 검정고시 안내〉
- 실시 날짜 : 수시
- 실시 지역 : 전국 일원(서울 및 각 도 지부)
- 참가 범위 : 초·중·고·대학생 및 일반인
- 급수 합격증 종류 : 9 ~ 1급
- 구분 : 한글·한자 혼용
- 지참 도구 : 펜·잉크·책받침·연필(국민학생에 한함)
- 주의 사항 : 볼펜과 만년필은 안 됨. 소정 시험지 배부
※ 기타 고시 종목 : 붓글씨(서예)·프린트(필경)·차트